Dos Hijas, Un Héroe

Las lecciones de vida más grandes compartidas por nuestro héroe, papá.

Maribel Santana-Texidor

Reconocimientos

Un sincero agradecimiento a Papi y Marisol por creer en mí y en mi visión de esta Memoria. Este libro no sería posible sin la voluntad de Papi de compartir y expresar su amor por la vida y por su esposa. El apoyo inquebrantable de Marisol me mantiene en marcha, ella es literalmente la otra mitad de mi cerebro.

Por último, quiero expresar mi agradecimiento por mis colegas, y los innumerables mensajes, flores, palabras amables durante la pérdida de mi Mami, y por el ánimo de hacer este libro para Papi.

¡Papi me ha enseñado muchas lecciones, pero la que tiene más impacto es saber que no puedes llegar a tu destino sin oposición! Y eso no es siempre algo malo, a veces la oposición te obliga a hacer cambios o ajustes para poder crecer. ¡Admiro como Papi aprendió por sí mismo las técnicas y estrategias necesarias para tener éxito en la vida! ¡Llevo conmigo cada día el ser optimista y confiada en que todo es posible!

Dos Hijas, Un Héroe

Las lecciones de vida más grandes compartidas por nuestro héroe, papá.

Maribel Santana-Texidor

Biographical Publishing Company
Prospect, Connecticut

Dos Hijas, Un Héroe

Primera Edición

Todos los derechos reservados. Ninguna parte de este libro puede ser reproducida o transmitida de ninguna forma o por ningún medio, electrónico o mecánico, incluyendo fotocopias, grabaciones o cualquier sistema de almacenamiento o recuperación de información sin el permiso por escrito del autor, excepto por la inclusión de breves citas en una revisión.

Derechos de Autor © 2023 Maribel Santana-Texidor
Asistencia de traducción: Rosa Aimee Rivera Santana
Primera Edición 2023

IMPRESO EN LOS ESTADOS UNIDOS DE AMERICA

Datos de Catalogación en Publicación del Editor

Santana-Texidor, Maribel
Dos Hijas, Un Héroe / by Maribel Santana-Texidor.
Primera ed.
p. cm.
ISBN 173690194X
13-Cifra ISBN 9781736901946
1. Título. 2. Biografía. 3. Memoria.
Clasificación decimal de Dewey:
   921 Biografía, individual
BISAC Códigos de Asignatura:
   BIO019000 Biografía y Autobiografía/Educadores
   BIO002030 Cultural, Étnico y Regional /
         Hispano y Latino
   BIO026000 Biografía y Autobiografía/Memorias
         Personales
Número de control de la Biblioteca del Congreso:
2022910295

Dedicatoria

Este libro está dedicado a mi padres, pero solamente está escrito acerca de la vida de Adrian, y el amor infinito por su esposa.

Tabla de contenido

Introducción / ¿Nuestro POR QUÉ? 7

Infancia 12

Estados Unidos 28

Amor y Matrimonio 41

Cuidando a Mami 67

Viaje 74

La despedida 86

Nuestro Héroe 92

Epílogo 99

Introducción / ¿Nuestro POR QUÉ?

"La vida es una sucesión de lecciones que deben ser vividas para ser entendidas."
— **Helen Keller**

Marisol y yo cumplimos 50 este año, el 22 de abril de 2022. Reflexionando sobre nuestras vidas y las vidas de nuestros hijos, nos dimos cuenta y acordamos que somos las mujeres y mamás que somos gracias a dos personas encantadoras: Adrian y Felicita Texidor, a quienes llamamos Papi y Mami. Cada decisión importante y logros en la vida, como comprar mi primer auto, graduarme de la universidad, escuela de posgrado, comprar mi primera casa, no hubiera sido posible sin estas dos personas encantadoras. Sinceramente, no tengo idea de cómo lo hicieron todo. Ellos tenían medios limitados, ¡pero amor ilimitado que hizo lo imposible, posible!

Este libro recorrerá sus años de adolescencia en Puerto Rico, su mudanza a Connecticut, su familia, su empleo, amor y matrimonio, la pérdida de su cónyuge, y otras valiosas lecciones de vida. Me fascina la vida de Papi y su voluntad de ser un ser humano increíble a pesar de las muchas heridas y desafíos que enfrentó en su vida. Cuando leas sobre la vida de Papi te darás cuenta de que estaba lejos de ser fácil. Llegó a Estados Unidos con una **esperanza** y un **sueño**, eso es todo. Desafortunadamente, su sueño inicial nunca llegó. Pero Papi nos compartió lecciones e historias de dolor y éxitos que estoy segura de que motivará a otros. Este libro se hizo realidad a través de llamadas semanales programadas/ FaceTime y entrevistas con Papi. Creí con todo mi corazón que esto sería sanador para nosotros, sus dos hijas – y para él… nuestro héroe.

¿Por qué estamos escribiendo estas memorias sobre la vida de Papi? Bueno, ya lo dijimos; él ha sido la persona más importante en nuestras vidas. Desde temprana edad recordamos a Papi siendo un hombre muy alto, moreno, de aspecto distinguido, que trabajaba todo el día hasta bien entrada la noche.

Cuando no estaba trabajando en su trabajo de tiempo completo, podía encontrársele fácilmente en el patio trasero trabajando en los autos, especialmente en los modelos más antiguos. Eso fue su mayor pasatiempo / afición y fue excelente en eso. Si un amigo o familiar tenía problemas con el carro, necesitaba que le arreglaran los frenos, o cambio de aceite, sabían a quién llamar. Voy a profundizar más sobre este pasatiempo, y cómo forma parte importante de esta historia, más adelante en el libro.

Nuestra primera entrevista tuvo lugar el 13 de Octubre de 2021, unos meses antes del cumpleaños 82 de Papi. Cuando llegué a Papi con esta idea de escribir un libro de memorias sobre su vida, su primera pregunta fue "¿Por qué?" Inmediatamente le expliqué cómo él ha sido nuestro héroe desde que tenemos memoria. ¡Quería que él supiera que todo su arduo trabajo y lecciones fueron apreciadas! Debo ser completamente honesta, algunas lecciones no fueron aprendidas hasta que me hice mucho mayor y me convertí en madre. Es tan cierto cuando dicen, "la sabiduría viene con la edad."

Infancia

"La vida es como andar en bicicleta. Para mantener el equilibrio, debes seguir moviéndote."

— **Albert Einstein**

Comencemos con esta increíble historia. Papi nació en Guayama, Puerto Rico. Era el más joven de 18 niños - 2 niñas y 16 niños. Ninguno de los niños vivió más allá de los 2 años, y las causas de la muerte se desconocen. Papi era el único hijo sobreviviente, y creció con sus dos hermanas. Hoy, solo tiene una hermana sobreviviente, y ella vive en Florida. Sus padres no estaban casados, y aunque su madre tenía algunas citas, ella nunca se casó.

Papi, hoy vamos a profundizar en tu infancia. Pinta un cuadro de cómo se veía eso, dale color.

Papi respondió que la foto no era muy bonita y no había mucho color. Él se fue de casa a una edad muy temprana, a los 8 o 9 años. Se movió de casa en casa, quedándose con amigos en la isla. Esto hizo el ir a la escuela o tener educación formal casi imposible. La falta de vivienda estable resultó en falta de educación. Él dejó la escuela después de segundo grado. Lo triste y lamentable es que era extremadamente talentoso, básicamente nació dotado. Cuando estaba en primer grado, sus maestros notaron que sus habilidades de comunicación y de resolución de problemas estaban por encima del promedio, y recomendaron que lo pasaran al cuarto grado. Papi y otra chica de su clase recibieron la recomendación, pero solo la niña fue promovida al cuarto grado porque Papi decidió quedarse con su clase.

Conocer esto comenzó a darme color a mí. Siempre supe que Papi era súper inteligente, pero por respeto nunca indagué sobre su nivel de estudios. Yo a veces me preguntaba de dónde procedía su sabiduría. ¿Cómo aprendió todo lo que sabía? Vamos a explorarlo... Según Papi, su infinita sabiduría procedía de escuchar, observar a las personas y de leer. Le gustaba ver la televisión, pero no fueron talk shows, fueron las noticias/CBS. Esto lo mantuvo con buen conocimiento en temas globales.

Observar a las personas mayores a su alrededor le enseñó la importancia de tener fuertes principios morales en el trabajo.

Siendo un espectador, vio a los hombres mayores trabajar mientras jugaba afuera con sus amigos. Un día decidió empezar a llevar el almuerzo a los hombres mayores en el trabajo. Las mujeres en el pueblo cocinaban las comidas, y Papi iba de casa en casa, recogiendo los almuerzos y llevándoselos a los trabajadores.

Cuando tenía alrededor de 11 años, el papá de Papi lo invitó a empezar a trabajar con él en la cosecha de caña de azúcar. Le pedí a Papi que describiera en qué consistía un día en la fábrica de caña de azúcar, y dijo que consistía simplemente en tirar la caña de azúcar del suelo y ponerla en un barril enorme. Papi aprendió rápidamente el oficio y después de un mes, el dueño de la empresa le preguntó a Papi "¿cuánto te paga tu papá por trabajar con él?" La respuesta era $0.25 por semana.

"Papi... ¿Fuiste a trabajar para el dueño de la empresa?"

Ciertamento lo hice.

"¿Causó esto algún problema entre tú y tu papá?"

No.

"¿Cuál fue la mayor lección que aprendiste de esa situación?"

"Nunca te subestimes. Si tienes la oportunidad de ganar más dinero, ve por ello."

A partir de ese momento, Papi supo trabajar duro y mantenerse por delante del juego. Él me dijo que eso le enseñó el valor del dinero, la importancia de evitar deudas de tarjetas de crédito, y ahorrar tanto dinero como sea posible, especialmente siendo aún joven. Hasta el día de hoy nunca habia conocido a una persona más frugal que Papi. Recuerdo estar en la secundaria y mirar hacia abajo a los zapatos de papi. Fueron "descubiertos" porque estaban muy, muy gastados. Recuerdo haberle dicho "¿¡Por qué no compras zapatos nuevos!?," con esa actitud adolescente. Él me miro bruscamente a los ojos, y dijo "Porque estoy intentando ahorras para comprar otra casa, fuera del estado, en Florida. Estaba muy emocionada, pero aun así pregunté por qué no podía tener ambos. Él dijo "¡porque mis zapatos están haciendo su trabajo! Él procedió a decir que demasiadas personas tienen toneladas de zapatos, zapatos/zapatillas caras, y son inquilinos, no propietarios. Algunos tienen tantos zapatos y ni siquiera se dan cuenta de que están a un sueldo de vivir en un refugio. "Esos no seremos nosotros, ahora ¡deja mis zapatos en paz!". Nunca más volví a mencionar sus zapatos ¡Nunca!

Otra lección, desde que tengo memoria él siempre decía "¡Nunca dependas de la asistencia del gobierno! Te dirán "ay esta ayuda es gratuita." Nada en la vida es gratis. Ellos pueden brindarte alguna "asistencia", en la forma de alimentos o seguro de salud, pero tú pagas al perder tu privacidad.

Papi explica eso, ¿pierdes tu privacidad?

"Sí", señala con el dedo diciendo que lo harán. Querrán saber cuánto dinero tienes; si tienes dinero ahorrado y qué tipo de activos tienes. ¡A eso me refiero con perder tu privacidad! Nada vale la pena perder tu intimidad. Prefiero trabajar duro y mantener mi intimidad.

¿Alguna vez te metiste en problemas, Papi?

Bueno, nunca como adulto, pero lo hice una vez cuando joven.

¿En serio papi? Cuéntame más…

Bueno, yo tenía como 9 años y esta mujer me pidió que fuera a la tienda y le comprara

algunos cigarrillos. La mujer me dio 10 centavos y no hice lo que me pidió. En cambio, me quedé con el dinero y obtuve caramelos. Me sentí tan mal, que todavía puedo recordar la historia después de tantos años. Recuerdo haber visto a la mujer más tarde en la vida, y ella dijo: "¿Dónde están mis cigarrillos?" Me encogí de hombros y en total vergüenza me alejé rápidamente.

Bueno Papi... ¿y el consumo de drogas? ¿alguna vez intentaste drogas?

¡¡NO!!

En esos días, las drogas no eran un problema, como lo es ahora. Lo peor que hice fue ayudar a este hombre local a hacer "Moonshine" con ron puertorriqueño. Todo lo que estaba haciendo era ayudarlo a preparar y hacer botellas de este alcohol, pero nunca lo probé.

Ahora, la pregunta que siempre me he hecho... ¿Cuándo empezaste a fumar cigarrillos?

Bueno, yo era muy joven, todavía un niño de casi 10 años. Iba caminando por la calle cuando vi una colilla de cigarro encendida, la recogí y comencé a fumármela. No tengo

ni idea de por qué empecé, pero desde ese día seguí fumando siempre que podía.

Este horrible hábito se convirtió en una verdadera adicción durante muchos, muchos años. Sus padres también fumaban y seguían fumando hasta el día en que fallecieron. Pero para ti, Papi, no podríamos estar más emocionados y orgullosos de decir que pudiste dejar esa terrible, costosa y mortal adicción.

¿Recuerdas cuando dejaste de fumar?

Claro, fue el verano de 2018 para ser exactos, el 7 de julio de 2018.

¿Qué te hizo renunciar? ¿Pasó algo?

Bueno, estaba enfermo y cansado de fumar. Se volvió extremadamente caro y sabía que no quería morir fumando. Llamé a mi médico para que me recetara un parcho, lo probé el primer día y me enfermé violentamente. Vomité y mi estómago estaba afectado. Ese fue el día que decidí que ya no usaría esos parchos y dejaría de ser fumador.

Mientras hablaba con Papi sobre su infancia, rápidamente me di cuenta de que no tuvo una. Le pedí que compartiera algunos recuerdos especiales de su infancia. Sé que probablemente te estés preguntando, ¿hubo fiestas de cumpleaños, citas para jugar, o comidas especiales que su madre le cocinó? En resumen, la respuesta es ¡no! De niño le gustaba caminar por el pueblo, cruzar las vías del tren y mientras viajaba por las vías, tomaba un poco de caña de azúcar y comía mientras seguía caminando por las vías. Ese es más o menos el alcance de sus recuerdos de infancia. Necesitaba saber más sobre su padre, si alguna vez vivió con él, si compartieron momentos especiales. Y de nuevo, en resumen, "no realmente." Solo vivió con su padre durante unas 2 semanas y eso fue todo.

Entonces, ¿cómo era tu mamá?

Ella era una buena dama.

Cuéntame más Papi…

*Bueno, le gustaba jugar **BINGO**, beber ron, y era una gran fumadora de puros. No estoy seguro de cómo lo hizo, pero encendió el cigarro y se lo puso directamente en la boca, quiero decir que el extremo encendido en realidad estaba ardiendo dentro de su boca. Manera extraña de fumar un cigarro, pero ese era su método.*

Estados Unidos

"No puedes esperar la victoria y planear para fracaso."

– **Joel Osteen**

Okay papi, quiero saber más sobre tu llegada a los Estados Unidos. ¿Qué edad tenías cuando viniste aquí?

Bueno, era 1957, tenía unos 17 años. Me fui con mi hermana mayor, su esposo y sus hijos.

¿Cuál era tu objetivo al mudarte a los EE. UU.?

Bueno, quería comenzar la escuela y practicar deportes de inmediato.

¿QUÉ? ¿Que tipo de deporte?

¡Béisbol, era bueno en eso! Esos eran mis sueños y razones para venir a los EE. UU.

Cuando llegué aquí, estaba emocionado y ansioso por mi nueva vida. Comencé a jugar béisbol para equipos locales y rápidamente fui reconocido como un buen atleta. Era más alto que la mayoría (6'2 ") y tenía una constitución delgada. Ambos fueron grandes ventajas en el deporte. Mi entrenador quería enviarme a campamentos y me preguntó sobre la escuela. Bueno, yo no iba a la escuela porque mi hermana me hacía cuidar a sus niños casi a diario. Cuidar a todos mis sobrinos y sobrinas se convirtió en mi nueva realidad. Eventualmente, tuve que dejar la escuela y los deportes.

¡Oh no, Papi, ¡eso me pone increíblemente triste! ¿Cómo te hizo sentir?

¡Bueno, en ese momento no quería sentir! Quieres olvidar y comenzar a planificar tu nueva realidad. Lo siento Papi, estoy segura de que fue duro. Agradezco tu lección de no quedarte atrapado en ese lugar obscuro, de sentirte triste por ti mismo. Una vez escuché, hablando metafóricamente, "está bien visitar un lugar de tristeza, pero nunca está bien deshacer las maletas y quedarse allí.

¿Por qué seguiste con tu hermana? ¿Fue como renunciar a tus sueños?

Es simple. Necesitaba vivienda y comida y mi hermana me ofreció ambas cosas gratis.

¿Tuviste una buena relación con tu hermana y tu cuñado?

Tuve una buena relación con ambos. Mi cuñado fue quien me ayudó con mi primer trabajo.

¿En serio? ¿Dónde?

Fue en una guardería.

¿DE VERDAD? ¿Con niños?

¡No, con plantas y flores! (Ambos nos reímos.)

¿Cuánto tiempo trabajaste en la guardería?

Durante aproximadamente un año.

¿Qué hiciste después de eso?

Bueno, terminé mudándome con un amigo y su esposa. Viví allí durante casi 2 años y luego fui a trabajar en las fincas de Tabaco.

Dios mío, ¿cuánto tiempo duraste en ese trabajo?

Solamente 3 meses, fue un trabajo horrible. Poco después entré a trabajar para una empresa de construcción, propiedad de 2 hermanos. Hice ese trabajo durante aproximadamente 1 año. Mi siguiente trabajo fue mi último trabajo.

Wow, ¿de verdad Papi? ¿Fue eso con el Sr. Levine en el enorme edificio estatal en Main Street en Hartford, Connecticut?

"Sí", respondió.

Papi se levantaba cada mañana alrededor de las 4 am y se iba a trabajar. Recuerdo que Mami también se despertaba cada mañana para preparar su café. Todos los días, sin importar la temporada, con buen o mal tiempo, él estaba allí. Trabajó allí durante más de 44 años y pudo jubilarse a los 62 años.

¿Para qué te contrataron? ¿Cómo era un día para ti en el trabajo?

Bueno, me contrataron para hacer trabajos de mantenimiento y plomería. Sin embargo, en poco tiempo comencé a trabajar en la

sala de calderas como Ingeniero de Calderas.

Oh, ¿en qué consistía ese papel?

Fui responsable de mantener y operar los sistemas de temperatura y ventilación de todo el edificio. Más de 700 personas trabajaron en este edificio, así que tenía que asegurarme de que estuvieran calientes en los meses de invierno, y frescos durante el verano. Ese sistema de caldera contenía 125 libras de vapor. El trabajo era muy físico, y a veces peligroso.

Espera, papi, no fuiste a la escuela de ingeniería, ¿cómo aprendiste a operar estos sistemas?

Yo aprendí por mi cuenta. Me tomó mucho tiempo y paciencia, mucha práctica y lectura hasta que entendí cada parte de cada pieza del equipo.

Esto es impresionante Papi, ¡otra razón por la cual eres nuestro héroe!

"Oh, espera", dice Papi con entusiasmo, "yo también era emprendedor."

Respondí, así es, eras dueño de la "Bodega" en el extremo sur de la ciudad. ¿No se llamaba "Clemente Bodega" en honor a tu beisbolista favorito?

Sí, así es, Roberto Clemente, el famoso beisbolista puertorriqueño.

Te recuerdo estando en la tienda a altas horas de la noche y me encantaba que vinieras a casa con dulces y obsequios especiales para nosotros.

Sí, un verdadero héroe Papi.

Comienzos humildes, de verdad.

Amor y Matrimonio

"El amor gana, el amor siempre gana."

— **Mitch Albom**, *Los martes con Morrie*

Oye, ¿te importa si hablamos un poco sobre el amor? Queremos saber más sobre cómo conociste a Mami y te enamoraste.

Bueno, tu mami y yo nos conocimos en 1964. Teníamos veintitantos años. Cuando conocí a tu madre, nunca me había casado y no tenía hijos. Ella, en cambio, estaba divorciada y tenía dos hijos: Edwin (a quien todos llaman Bro), de 8 años e Iris, de 5. Lamentablemente, perdimos a Iris en 2011, esto destrozó el corazón de tu mamá.

Cuando conocí a tu mami, fue a mediados de los años 60. Unos años más tarde ocurrió una tragedia. Ella estuvo involucrada en un terrible accidente automovilístico. Viajaban desde la playa y fueron golpeados. Hubo una muerte y tu Mami e Iris resultaron gravemente heridas. De todos modos, sigamos adelante. Tu madre vivía en la misma calle que yo, y ella también trabajó en la granja de tabaco por un corto tiempo.

Una vez que empezamos a salir, le pedí que dejara su trabajo y se concentrara en los niños mientras yo iba a trabajar y los mantenía. Era muy independiente, y eventualmente se fue a trabajar en la escuela a tiempo parcial. Ella también era una costurera increíble. Recuerdo haberle comprado esta máquina de coser, que ella realmente quería; ¡ella estaba tan feliz! Hacía cortinas y ropa para los niños. Más tarde nos mudamos a nuestro propio apartamento. Nosotros vivimos allí por un corto tiempo y luego nos mudamos a nuestra casa en Main Street.

Papi recordó vivir en Main Street y cuánto disfrutaba hacer ejercicio. El levantamiento de pesas era su rutina de ejercicios preferida. Se presumia de su físico en forma y de lo fuerte y firme que era su estómago. Dijo que tenía un six pack. Se ríe al recordar cómo Iris y Bro saltaban arriba y abajo sobre sus abdominales. Dijo que estaban hechos de acero.

Entonces, ¿cuándo entramos Marisol y yo en su vida? (Adoptadas)

Bueno, eran unos bebes, como de 3 meses. Las recogimos, y la primera noche fue dura. Ambas lloraron toda la noche. No se sentían bien. Una de ustedes, chicas, tenía fiebre y la otra tenía un resfriado terrible. Tuvimos que llevarlas a las dos a ver a un médico. Era un resfriado común, y a los pocos días las dos estaban bien.

Respondo, "¿cómo fue criar gemelos idénticos?"

Fue mucho trabajo pero muy divertido. Nadie podría distinguirlas a ustedes dos. Ustedes chicas fueron fáciles de criar, nunca nos dieron ningún problema.

Eso fue música para mis oídos, ya que sé que yo era más rebelde y Marisol era todo lo contrario, de voz suave y siempre evitaba los problemas. Aquí hay algunas historias divertidas de la infancia, de las diferentes bromas que nos hicimos la una a la otra: Un fin de semana estaba tomando una siesta (como si tuviera un trabajo y realmente necesitara una siesta), pero eso no viene al caso. Mientras dormía la siesta,

Marisol entró corriendo a la habitación gritando histéricamente que se había golpeado el pulgar con la puerta. Salté de la cama para revisar su pulgar que estaba hinchado 10 veces su tamaño normal. Comienzo a gritarle a Mami y ella se quita la naranja que peló y se pegó en el pulgar para engañarme como si estuviera herida.

¡Oh, chico, estaba enojada! Planeé durante semanas cómo iba a vengarme. Bueno, una tarde soleada estábamos en el patio trasero jugando. Encontré un objeto de plástico con un borde afilado y lo coloqué al lado del columpio con la esperanza de empujarla lo suficientemente fuerte como para que se cayera y se raspara el codo. Bueno, ese plan fracasó miserablemente. Ella aterrizó en el cuadrado del objeto con su rodilla derecha, y se cortó. Oh chico, estuve castigada todo ese verano. ¡Estaba en tantos problemas! NUNCA nos hicimos más bromas mutuamente. Lamentablemente, Marisol todavía tiene la cicatriz.

Ya que estamos hablando de la familia, ¿te importaría compartir cuál es la clave para un matrimonio saludable?

Papi responde: "Bueno, siendo un buen esposo, debes estar en casa, no salir con amigos. Un esposo debe ser un buen proveedor y tener una fuerte ética de trabajo. Esto también significa no abusar de ningún tipo de drogas/alcohol, ni abusar verbal o físicamente. Otro factor clave para un matrimonio saludable es la **comunicación**. Y la comunicación es bastante simple: una persona habla mientras la otra escucha."

¿Cuáles son algunas de las cosas que amabas de tu matrimonio?

Bueno, trabajaba todo el día y algunas noches de lunes a viernes, así que los fines de semana eran importantes para nosotros. Disfruté el tiempo en familia, me encantaban los viajes largos con ustedes. Algunos veranos manejamos a Florida y otras veces hicimos viajes a Puerto Rico. Siempre nos divertíamos mucho. Pero lo que más disfrutábamos eran nuestros domingos. Usualmente, visitábamos pueblos locales para comprar y siempre terminábamos con una parada en la heladería.

Sí Papi, recuerdo que nos encantó mucho el banana boat. Todos lo compartiríamos; fue tan especial. Ese es uno de nuestros recuerdos favoritos de la infancia.

Escucho todos los sacrificios que has hecho por tu matrimonio y cómo demostraste tu amor, pero ¿cómo expresó Mami su amor por ti?

Bueno, tu madre siempre cocinaba. Teníamos una comida casera todos los días y los fines de semana ella nos preparaba el desayuno más increíble. Siempre se aseguraba de que la casa estuviera limpia y bien organizada. Esa era su manera de demostrarme que me amaba. No hubo mucho afecto, ya que ninguno de nosotros realmente mostró emociones de esa manera. Pero aquí está la ironía cuando a tu madre le diagnosticaron Alzheimer y me llenó de

tanto cariño. Me abrazaba y me besaba todo el tiempo. Fue especial.

Jubilación, hablemos de esa parte de tu vida.

Tú y Mami hicieron algo increíble por mí, E.J. y Eric. Básicamente, nos regalaron la casa de la infancia en la que vivimos durante muchos años. La casa estuvo en la familia por más de 50 años. Tú y Eric pasaron mucho tiempo renovando la casa, y las lecciones que llevo conmigo son las de precisión. No cortaste ninguna esquina. Fuiste metódica con cada parte de la renovación. Cada borde, corona, molduras y placas de yeso fueron colocados

meticulosamente. La casa quedó hermosa. Poco después de eso, tú y Mami se mudaron a Florida. Ustedes ya tenían una casa allí pero la estaban alquilando, y cuando quedó vacante decidieron mudarse.

¿Te gustó vivir en Florida?

Sí, era un ritmo diferente, definitivamente más lento, pero el clima era demasiado caluroso.

Regresar a Connecticut fue una decisión que tú y Mami tomaron para estar más cerca de la familia. Entre Iris (3), Bro (2), Marisol (3) y yo (1) ustedes tienen 9 nietos. Hablemos más sobre los nietos, y algunos momentos especiales que has compartido con ellos.

Bueno, los hijos de Iris y los hijos de Marisol siempre fueron los más cercanos a nosotros y pasaron la mayor parte del tiempo con nosotros. Por supuesto, amamos a todos nuestros nietos, pero comprendimos que, a medida que crecían, tenían una vida que vivir. Gilberto Jr. (Boogie) es el segundo nieto mayor, que disfrutó pasar tiempo con nosotros. Fue muy divertido verlo crecer y convertirse en un hombre tan responsable. Él ha sido el que más me ha procurado. Él es tan útil también; ha reemplazado mi inodoro y me ayuda con

cualquier cosa que necesite. Su esposa es una gran cocinera y pastelera. Vienen de vez en cuando con algunas delicias especiales para mí.

Adrian también estuvo siempre con nosotros. Le encantaba visitarnos, especialmente en Florida. Era genial para andar en bicicleta y un nadador increíble. ¿Sabías que un día los llevé a nadar y le salvó la vida a Ana? Ella literalmente se estaba hundiendo, y él entró en acción. Ahora, como adulto, Adrian es padre de dos hijos. Es un gran padre. Él hace un muy buen trabajo con ellos. En cuanto a Ana, disfruta trabajar duro y ser independiente. Ella es muy cariñosa y responsable.

A tu mamá le encantaba estar con esos niños, todos la llamaban Mami y a mí, Papi. Estoy orgulloso de esos tres niños. No lo tuvieron nada fácil. Perder a su madre a una edad temprana fue duro, también fue muy duro para tu madre. Los hijos de Bro siempre están trabajando y ocupados. Alzira es tan amable conmigo, siempre que la necesitas, ella aparece. Ella hizo esta hermosa manta con fotos de tu mamá y yo. Es muy especial, la miro todos los días. Cuelga sobre el manto de mi chimenea.

He visto a las gemelas (Maya y Madison) crecer literalmente frente a mis ojos. Siempre las visitábamos desde su nacimiento. Y eran bebés prematuros, así que íbamos al hospital y las visitábamos. Marisol y los niños también vivieron con nosotros algunos años. Eso fue una gran ayuda para mí. Son las personitas más cálidas y amables que conozco.

También son muy inteligentes y tienen horarios ocupados. Están en la escuela, luego en el fútbol, bailan, tocan instrumentos musicales y ahora tienen un negocio de joyería. Disfruto verlos navegar por la vida. A veces pienso que los niños tienen demasiadas cosas que hacer, antes solía ser la escuela, jugar, cenar y dormir.

A los niños de hoy no les gustaría ese horario, y estarían increíblemente aburridos. Siempre supe que EJ tenía una habilidad especial y que sería genial en el baloncesto. Desde que era un niño, estaba fascinado con mi altura (6'2"), siempre se medía y me preguntaba: "¿Cuántos años tendré cuando sea tan alto como tú?". Siempre le decía "Ten paciencia y recuerda que serás más alto que yo."

El abuelo se ríe y dice: "He encogido unos centímetros con la vejez". Al igual que los gemelos, E.J. siempre tenía una agenda ocupada. Creo que su agenda era más intensa que la de los gemelos. Se quedó en el gimnasio y asistió a tantos campamentos. No me sentí mal porque vi cuánto lo amaba. Me hace muy feliz ver que su pasión lo lleve a una carrera de baloncesto profesional. Una vez más, verá (el trabajo duro, vale la pena).

El hijo de Maribel, EJ

Abuelo y EJ, posando orgullosos en 6'6"

El hijo de Marisol: Justin

Las gemelas de Marison: Maya y Madison

Las gemelas de Marison: Maya y Madison

Los hijos de Iris: Ana, Adrián, y Gilberto Jr (Boogie)

La hija de Edwin: Alzira

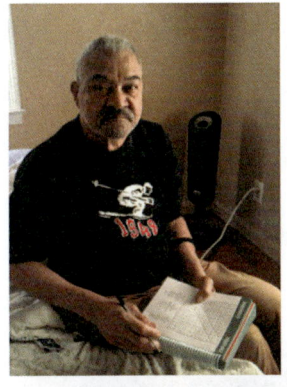

El pasatiempo favorito de Papi, sopas de letras

Gilberto Jr (Boogie) sorprendiendo a Papi con un regalo especial

Papi tocando dulces melodías con su guitarra.

Cuidando a Mami

"La mejor parte de la vida de un buen hombre son su pequeños actos sin nombre y sin restricciones de bondad y de amor."

— **Wordsworth**

Hasta que la muerte nos separe... Hablamos del Alzheimer, cómo fue cuidar a Mami y literalmente estar con ella hasta su último aliento.

Bueno, ella nunca fue un problema para mí. No me importaba cuidarla, tampoco me quejaba, porque era mi esposa. Era mi responsabilidad como su esposo y amigo. Ponerla en cuidados asistidos o en un asilo de ancianos nunca fue un pensamiento para mí. Me convertí en más que su esposo; Me convertí en su enfermero/proveedor médico, también en su acompañante y estilista. Sí, aprendí a cortar y peinar el cabello de Mami. Me aseguré de que tuviera

su medicación, que estuviera alimentada y limpia. Y cuando no pude hacerlo porque mi cuerpo me estaba fallando, pagué por ese cuidado.

A medida que avanzaba su enfermedad, más desafiante se volvió, especialmente durante la hora de comer. Tardaba horas en comer una comida. Pero yo no me rendía con ella, era paciente, y a veces me quedaba sin comer porque estaba demasiado cansado para prepararme una comida. Tu madre era mi todo y disfruté cuidándola todos los días. La única parte preocupante fue mi mala salud, problemas de espalda y problemas con mis piernas. Siempre deseé *ser más fuerte y saludable para poder moverme más rápido. A pesar de mis problemas personales de salud, tu madre era mi prioridad y nunca pedí ni esperé nada de nadie.*

En 2014, Papi se vio obligado a someterse a una cirugía de espalda. Sufría de estenosis espinal, y si este problema no se abordaba y corregía, terminaría en una silla de ruedas en un año. Recuerdo que un día fui a visitar a mis padres y cuando llamé a la puerta, vi a mi papi llegar a la puerta arrastrando su cuerpo en la silla de su oficina. Por supuesto, la silla tenía ruedas; esto se había convertido en su nuevo modo de moverse por la casa. Me entristeció esta escena.

Inmediatamente, llamé al médico y se inició el proceso para el tratamiento. Papi ocultó su dolor y sus problemas de salud para poder cuidar a Mami. Nunca quiso que nadie se sintiera culpable o pensara que no era capaz de cuidar a su esposa. Permitió que lo ayudaran, pero asumió el 100% de la responsabilidad por nuestra Mami.

Estamos de acuerdo Papi, ciertamente tomaste tus votos al más alto nivel. Cuidaste y amaste a Mami con tanto honor y respeto, nunca te quejaste ni pediste ayuda. Estamos muy agradecidos y eternamente agradecidos por todo lo que hiciste, por Mami y por todos nosotros.

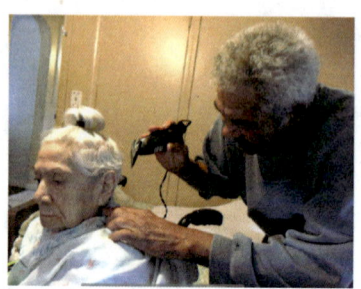

Papi cortando el cabello de Mami

Papi dándole de comer a Mami

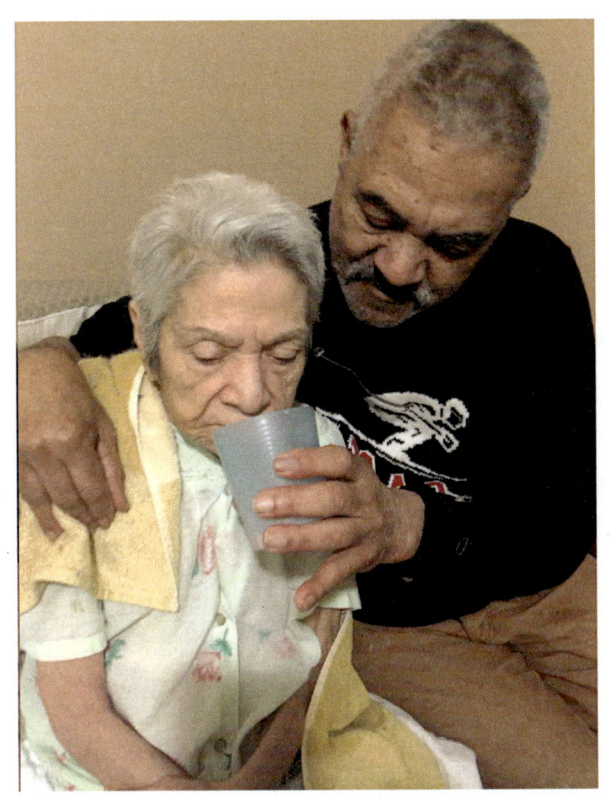

Viaje

"Si amas la vida, no pierdas el tiempo, porque el tiempo es de lo que está hecha la vida."

— **Bruce Lee**

El primer viaje de Papi, quizás en 20 años. Ya que cuidar a Mami a tiempo completo, las escapadas o cualquier tipo de viaje no eran una opción. Cuando Mami falleció, inmediatamente pensé que este era el momento, Papi finalmente podría venir a visitarme a Delaware. Esto fue un sueño mío durante los últimos años. En 2019, decidí comprar una casa, algo que me emocionaba mucho y sé que Papi estaba orgulloso. Comprar una casa requirió mucho ahorro, planificación y llamadas con Papi, ya que quería ser parte del proceso, incluso si no podía estar físicamente allí. Papi fue fundamental para garantizar que hiciera todas las preguntas correctas, desde techos hasta calderas/sistemas HVAC, etc.

Entonces, ¿te preguntas si Papi logró ir a Delaware? ¡La respuesta es sí! Marisol y yo empezamos a planear y tramar. Marisol le consiguió a Papi un equipaje, empacó su ropa, medicamentos y lo ayudó a encontrar una buena fecha/hora para su viaje. Ella prometió tomar su correo y cuidar su casa. Esto, por supuesto, le dio tranquilidad. Pues fue en octubre cuando el plan estuvo listo para su ejecución. Jay, (mi pareja) iba a estar en Connecticut, así que funcionó muy bien. Podría recoger a Papi y llevarlo a Delaware. Jay compartió grandes historias conmigo sobre el viaje. Este fue realmente un trabajo en equipo entre Marisol, Jay y yo.

Papi llega a Delaware

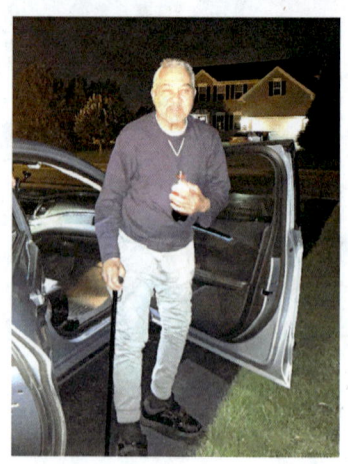

¡Este viaje fue monumental! Por varias razones diferentes. Primero, Papi tuvo la oportunidad de ver la casa y dar su opinión, algo en lo que es bueno. También ayudó con algunos proyectos de la casa, como jardinería, trabajos de plomería, y armó un taburete para nosotros. Los taburetes fueron una agradable sorpresa, los propietarios anteriores los dejaron, ¡éxito!

El clima en octubre fue agradable en Delaware. Esto nos dio la oportunidad de cocinar en la terraza y tener algunas charlas y risas. La mayoría de las noches pudimos ver los juegos de EJ en la televisión, jugar juegos de mesa, escuchar música, y realmente reconectarse. Fue increíble ver a Papi tan relajado, pero puedo decir que era casi extraño para él. Partes de él se sentían culpables de que Mami no estuviera con nosotros.

Siempre atesoraré esos recuerdos. La parte más memorable de su viaje fue cuando decidimos ir a ver autos antiguos. Aproximadamente un año antes, recuerdo que Jay me trajo a este garaje que vendía esos hermosos autos antiguos. Siempre decíamos "a Papi le encantaría un auto así." También tomaríamos fotos y se las enviaríamos a Papi. Un día después del trabajo, llamé a Papi y le dije: prepárate, vamos a dar un paseo. Llegué y él estaba afuera.

Él preguntó: "¿A dónde vamos?"

Dije: "Quiero mostrarte algo."

Condujimos hasta el garaje y, efectivamente, había dos hermosos autos, un Ford Thunderbird blanco de 1958 y este hermoso Chrysler azul de 1948. El blanco tenía un letrero de "Se vende" con un número de teléfono. Llamamos al número más tarde esa noche para conocer los precios y ver si el automóvil se podía conducir. El tipo al otro lado del teléfono se llamaba Sr. Terry. Fue súper amable y quedó en reunirse con nosotros al día siguiente. Para nuestra sorpresa, el automóvil se podía conducir y se encontraba en buenas condiciones. El interior era hermoso, con alfombras originales y en perfecto estado en general. Estaba emocionada de ver la cara de Papi iluminándose mientras caminaba alrededor del auto e inspeccionaba cada centímetro del vehículo. Pensé "esto está hecho, Papi va a comprar este auto" cuando de repente señala el auto azul y pregunta: "¿cuánto cuesta ese también?"

Le dije: "Papi ese no está en venta, no tiene cartel".

El Sr. Terry dijo: "Bueno, si lo quieres, puedo hacerte un trato". Papi casi salta de alegría. Me maravilló su derroche inesperado. Sentí su alegría, sentí su emoción, y su verdadero nivel de felicidad. Una parte de mí se entristeció al darme cuenta de que no había sido testigo de la felicidad de Papi durante muchos, muchos años. Si tan solo pudiera embotellar su felicidad y dársela cuando empezó a sentirse solo, por la pérdida de Mami.

La despedida

"Mientras podamos amarnos unos a otros y recordar el sentimiento de amor que tuvimos, podemos morir sin desaparecer realmente. Todo el amor que creaste sigue ahí. Todos los recuerdos siguen ahí. Vives – en los corazones de todos los que has tocado y nutrido mientras estuviste aquí."

— **Mitch Albom,** *Tuesdays with Morrie*

La mañana del fallecimiento de Mami, pregunté: Papi, ¿te importa si hablamos de cuando mami se fue para estar con el señor?

Claro, fue tan profundo. Es un momento que atesoraré por el resto de mi vida. Fue un momento privado entre los dos. Eran alrededor de las 2:30 am del 19 de junio cuando tu madre abrió mucho los ojos y me miró directamente a los ojos, casi mirando mi alma. Ella me mostró su amor con sus ojos. Ella también me estaba pidiendo perdón.

Papi empieza a llorar, su voz baja, quebrada y con total tristeza y vacío dice: "¡Yo la perdoné!"

Le pregunté, "¿la perdonó por qué Papi?"

Él dijo, "por dejarme para estar con el Señor, pero ella estaba pidiendo perdón por otra cosa."

Exclamé "¿En serio Papi? ¿Entonces para qué?"

Quería que la perdonara por el (trabajo) que creía que me causaba por cuidarla.

Oh, Dios Papi ahora entiendo. Que hermoso momento compartiste con Mami.

Él respondió: "Lo que ella no se dio cuenta fue que era un honor y un verdadero placer haberla amado y cuidado por ella, mi esposa, mi pareja. Luego esa noche pude escuchar su respiración teniendo dificultades. Me acerqué a ella y nos envolví a ambos en la misma manta. Quería que supiera que estaba allí con ella; ella no estaba sola. La escuché tomar su último aliento. Sostuve su mano hasta que me vi obligado a soltarla, ella estaba lista, yo no."

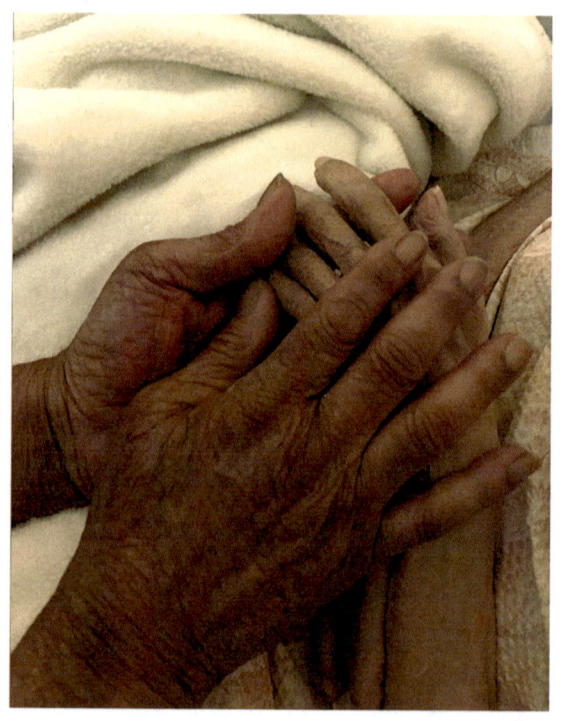

Como prometí, sostuve tu mano hasta el final.

Papi, gracias por compartir ese momento tan íntimo y privado que tuviste con nuestra hermosa madre. La muerte no parece definitiva una vez que te das cuenta de que cuando realmente amas a alguien, llevas una parte de ellos contigo para siempre. Tu deseo después de tu fallecimiento es ser incinerado como Mami. Quieres que combinemos tus cenizas con las suyas y las coloquemos sobre la cima de una montaña en Puerto Rico. Nos aseguraremos de que se concedan tus deseos. Mientras subimos a la cima de la montaña, cargando tus cenizas y las de Mami, recordaremos las muchas veces que nos cargaste. Esos recuerdos siempre vivirán en nuestros corazones.

Nuestro héroe

"Puede haber gente que tenga más talento que tú, pero no hay excusa para que nadie trabaje más duro que tú, y yo lo creo."

— **Derek Jeter**

Papi, gracias por ser tan vulnerable al compartir tu infancia, familia, trabajo y tu camino de amor y matrimonio con nosotros. Hay tantas otras lecciones que ha compartido que no están incluidas en este libro. Un millón de gracias por compartir algunos momentos muy íntimos y privados que tuviste con nuestra hermosa madre. Marisol y yo queremos agradecerte por estar ahí para Mami cada día. Sabemos que los días y las noches eran largas. Nos diste paz sabiendo que Mami estaba siendo cuidada y amada por ti. Nunca podríamos agradecerte o pagarte apropiadamente, te honraremos siendo los mejores seres humanos que podamos ser. Siempre los tendremos a ti y a Mami en la más alta consideración, y tendremos el más profundo amor y admiración por ti como Nuestro Papi, Nuestro Héroe. Has sido nuestro protector, consejero y verdadero amigo. ¡Mientras vivamos, sabemos que nunca tendremos a nadie que se acerque a ser tan increíble como TÚ!

Este libro fue escrito para las generaciones venideras. Esperamos que te inspire a creer que todo es posible. Si tienes pasión y un sueño, aunque el sueño se altere en función de las circunstancias, nunca te rindas en ser un buen ser humano. Esté dispuesto a aprender, ganarse la vida honestamente, y cuando ame, ¡ame! Nunca le des la espalda a tus seres queridos y, lo que es más importante, nunca esperes que otros estén ahí para que hagas tu trabajo. ¡Debes estar ahí por ti mismo! Las personas fingirán que quieren ayudar, pero cuando la vida se pone difícil, debes mostrarte por ti mismo y manejar tus circunstancias en consecuencia. Puedo ser la líder y autora de este libro, pero si no fuera por Marisol (*mi increíble gemela*), quien hizo el último sacrificio al mudarse con nuestros padres, no creo que hubiera tenido la energía para escribir tales memorias. Esto no sería posible si no fuera por su apoyo inquebrantable.

Hasta que todos nos volvamos a encontrar, ¡y lo haremos! Saludos a todos los héroes. Papi, siempre estaremos aquí para ti y cuando termine esta parte, que sabemos que será, ¡siempre llevaremos un pedazo de ti en nuestros corazones! ¡Nuestro héroe!

Biografía

Maribel Santana-Texidor, es autora, representante de ventas, educadora y trabajadora social. Nació en Hartford, Connecticut y es madre de EJ Crawford, quien es jugador profesional de baloncesto (Puerto Rico). Actualmente, reside en Delaware y trabaja en Baltimore, Maryland. Ha dedicado su carrera a las personas que viven con el VIH. Tiene una Maestría en Administración de Empresas. Maribel es empleada de una compañía biofarmacéutica global, como Especialista Terapéutica Senior.

Marisol Santana-Texidor nació en Hartford, Connecticut y es la madre de Justin Santana y las gemelas Maya y Madison Boodhoo. Justin se graduó de la Universidad de Hartford y las gemelas están en sexto grado. Marisol ha dedicado su carrera a la industria de seguros. Tiene una licenciatura en psicología.

Tus dos hijas,

Marisol & Maribel Santana-Texidor

Epílogo

"Todos morimos. El objetivo no es vivir para siempre, el objetivo es crear algo que lo haga."

— **Chuck Palahniuk**

Con gran tristeza e incredulidad compartimos la pérdida de nuestro increíble héroe, nuestro Papi el 28/02/2022. Tuvo una batalla corta pero agresiva contra el cáncer de pulmón en etapa 4. Tal como quiso, fue incinerado y sus cenizas se juntaron con las de Mami. Y como prometimos, sus Dos Hijas se dirigen a Puerto Rico para depositar sus cenizas en la cima de la montaña. Un Héroe convertido en ángel.